CHATEAUBRIAND

ET

L'HYSTÉRIE

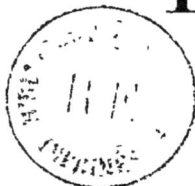

ESSAI DE PSYCHOLOGIE

PAR

le Docteur POTIQUET

Deuxième tirage revu et augmenté.

A Sceaux,
bez l'AUTEUR.

A Paris,
chez M. LAISNEY, libraire,
5, place de la Sorbonne.

1911

LE DOCTEUR POTIQUET *offre*
à la bibliothèque nationale
par le même courrier, sous pli recommandé; les
quatre dernières brochures sur Chateaubriand.
18 mai 1913.

SCEAUX (SEINE)   56, RUE HOUDAN

CHATEAUBRIAND

ET

L'HYSTÉRIE

CHATEAUBRIAND

ET

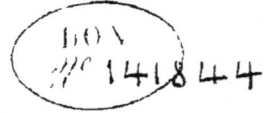

L'HYSTÉRIE

ESSAI DE PSYCHOLOGIE.

PAR

le Docteur POTIQUET

Deuxième tirage revu et augmenté.

A Sceaux,
chez l'AUTEUR.

A Paris,
chez M. LAISNEY, libraire,
5, place de la Sorbonne.

1911

A mon fils Louis.

Chateaubriand aimait occuper l'univers de sa personne ; craignait qu'on l'oubliât, lui et ses œuvres. La postérité l'a ser à souhait. Elle n'a pas oublié ses œuvres, et s'est occupée de lu un peu plus même qu'il n'eût souhaité. Rarement la personnali d'un écrivain a été l'objet de tant de controverses. Mieux com prise, elle eût peut-être été moins malmenée, si, comme on l dit, tout comprendre, c'est tout pardonner. La médecin croyons-nous, fournit quelques lumières pour éclairer sa ps chologie. Comme, par métier, elle tient compte des tares hér ditaires, de la tyrannie, difficile à secouer, des prédispositio ou déviations organiques, elle est indulgente. Elle a, on le sa le goût des responsabilités atténuées.

Or, Chateaubriand paraît bien avoir été atteint de cette ps chose assez répandue qu'on appelle l'hystérie ou nervosism psychose commune chez la femme, puisqu'on a pu dire que forme légère constituait le caractère dit féminin, psychose moi commune, mais non rare, chez l'homme. L'étude de cette ps chose, en donnant la clé du caractère de Chateaubriand, éclair toute sa vie.

***

L'hystérie ou nervosisme est, en réalité, plutôt une forme d caractère qu'une maladie de l'intelligence (1). Caractère, intell gence sont, au reste, des mots inventés pour faciliter l'analys Ce qu'on appelle l'âme humaine est une unité dont toutes le parties ou facultés sont, à quelque degré, solidaires. Aussi l'hy térie peut-elle frayer avec la neurasthénie ou voisiner avec folie.

(1) Consulter : Huchard . *Nouvelles consultations médicales*, 1904 Hartenberg, *L'hystérie et les hystériques* ; Th. Ribot, *Les maladies de volonté.*

Un des principaux traits de l'hystérie est la mobilité, l'instabilité de l'humeur. Hier enjoué, aimable, séduisant, exubérant dans sa gaieté et dans ses gestes, voici l'hystérique, aujourd'hui, maussade, irascible, mécontent de son sort : rien ne l'intéresse, tout l'ennuie. Un jour loquace, d'une loquacité parfois brillante, vous le trouvez, le lendemain, sombre, taciturne, plongé dans la rêverie ou pris d'un sentiment indéfinissable de tristesse. Versatile, fantasque, capricieux, il est l'homme des coups de tête. L'égalité d'humeur, le calme, la pondération, le bel équilibre lui manquent. Une seule chose chez lui est constante, a-t-on dit, c'est son inconstance.

Un second trait est la perversion de la sensibilité, qui est tantôt amoindrie, plus souvent exaltée, exaspérée jusqu'à devenir morbide. Très impressionnable, l'hystérique est volontiers extrême dans ses affections comme dans ses haines, prompt au rire comme aux larmes. Son émotivité procède en partie de la vivacité de son imagination. Pour une même lésion, pour une même blessure physique ou morale, il peut souffrir réellement plus que d'autres ; mais lui-même prend souvent plaisir à apitoyer autrui sur ses douleurs incomprises , et, de plus, en fixant son attention sur sa douleur, il la nourrit et l'avive. Ses proches croient parfois à de l'hypochondrie, chuchotent le mot de mélancolie, alors qu'il y a là, au début surtout, un peu du désir à demi conscient d'occuper l'opinion, un homme heureux ou bien portant cessant d'être intéressant. Plus tard, l'hystérique pourra se laisser prendre lui-même au piège de ses grimaces : à force de gémir comme si l'on ressentait une grande douleur, on finit par l'éprouver. Il est du reste prompt à imputer à d'autres ses infortunes et ses déboires, alors que la cause doit en être recherchée surtout dans le peu d'empire qu'il possède sur lui-même.

Sa sensibilité a surtout pour objet lui-même ; mais elle peut s'émouvoir vivement à l'occasion du prochain, se répandre en libéralités, s'absorber dans des affections désintéressées ou s'exalter même jusqu'au dévouement. Souvent elle procède par accès, manque de mesure. Et comme le nervosisme vit de contrastes, tel qui sera, sans raison, dur pour sa femme, témoignera à ses enfants la tendresse la plus vive, ou tel, rude envers tous les siens, se montrera pitoyable au reste de l'humanité.

Un troisième trait est l'orgueil avec ses dérivés, la vanité, l'ostentation. Point modeste, ne comprenant pas la vie simple l'hystérique a le goût des attitudes théâtrales ; il aime se donner en spectacle. Le désir de briller l'induit souvent en des dépenses que ne comporte point sa fortune. Il lui plaît d'occuper l'opinion de la tenir en haleine ; il exalte volontiers ses mérites.

Mais parfois il puise dans la haute opinion qu'il a de sa personne un sentiment de dignité, de tenue, une aversion pour la vulgarité, un souci des devoirs que lui impose sa condition, qui ne sont pas sans noblesse.

Orgueilleux, donc égoïste, l'hystérique tend à rapporter tout à lui : son moi se fait volontiers envahissant.

De cet orgueil découle l'esprit d'opposition, de contradiction de controverse, qui ne contredit pas pour éclairer ou s'éclairer mais pour faire montre de son savoir, pour taquiner, pour abaisser l'interlocuteur. Abaisser le prochain, n'est-ce pas s'élever un peu ?

Il est difficile au contradicteur obstiné de rester longtemps de bonne foi ; il exagère, amplifie ses raisons ou, poussé à bout en invente. De la contradiction obstinée au mensonge avéré, il n'y a qu'un pas : il est vite franchi.

D'ailleurs ne demandez pas une entière sincérité à l'hystérique. Il en est à peu près incapable. Le mensonge, depuis le plus bénin jusqu'au plus effronté, le mensonge avec ses modalités diverses, la ruse, l'astuce, la duplicité, la sensiblerie qui n'est qu'une sensibilité fausse et outrée, la dissimulation, la simulation, et tous leurs degrés, lui est habituel, faussant ses paroles, son attitude, ses gestes, son visage et toute sa personne : tout cela enveloppé, comme à l'ordinaire, d'une demi-inconscience. L'hystérique exagère, atténue, dénature, défigure prenant surtout conseil de son intérêt ou de sa vanité, parant ses actes de sentiments généreux, alors qu'en réalité il obéit aux penchants les moins nobles ; en un mot, comédien. L'esprit généralement souple et délié, il manie habilement l'équivoque, a la riposte prompte.

A l'hystérique manque une faculté importante, la volonté, la discipline intérieure qui réprime les tendances de la sensibilité pour les soumettre au seul joug de la raison. Aussi le malheureux est-il souvent ballotté au gré de ses passions, à la merci de l'impulsion du moment, très accessible à la suggestion, et parfois, en amour, d'une curiosité jamais épuisée. D'où l'inconséquence de sa conduite. le décousu fréquent de son existence et ses extravagances.

Volontiers il est enclin à la paresse, à la rêverie. Peu capable d'une application soutenue, d'un effort persévérant, manquant d'esprit de suite. il peut cependant, dans quelques circonstances, sous l'influence d'une passion vive, sous le coup d'une nécessité pressante, faire preuve d'une énergie remarquable, et, de même, qu'il est l'homme des coups de tête, il est souvent l'homme des coups de collier. Cette énergie peut s'employer à des desseins peu louables ; on voit parfois les hystériques, lorsque leur intérêt ou leur amour-propre est en jeu, montrer une ténacité, une continuité dans les vues, une fertilité de ressources et, hélas ! une absence de scrupules qui, le plus souvent, les conduisent au but.

Si vous cherchez ce qu'on appelle un caractère, c'est-à-dire un homme muni de convictions raisonnées et y conformant sa conduite, ne le cherchez pas parmi les hystériques.

A toutes ces tares du caractère peuvent s'allier des facultés intellectuelles non médiocres, de l'esprit, une mémoire sûre, surtout une imagination brillante. N'exigez pas des hystériques beaucoup de profondeur ou de nouveauté dans les idées, beaucoup de rigueur dans le raisonnement, de suite dans les déductions. Les abstractions ne sont généralement pas leur fait. Leur tête est surtout pleine de sensations et d'images ; cela ne fait point des logiciens, des dialecticiens ou des philosophes, mais plutôt des romanciers, des poètes, des artistes, plus voisins, par leur façon de comprendre la nature, de l'homme du moyen âge que de l'homme du xviiie siècle.

Les hystériques tiennent généralement à l'élégance de la mise et y apportent quelque recherche.

Il est exceptionnel que l'hystérique présente au complet tous les traits qui viennent d'être énumérés. Suivant les sujets, ces signes varient comme degré, comme intensité, et s'associent entre eux suivant les modalités les plus diverses. Les hystériques sont comme les feuilles de la forêt : il n'y en a pas deux qui se ressemblent.

Et non seulement il n'y a pas deux hystériques qui se ressemblent, mais l'hystérique ne ressemble pas toujours à lui même. L'homme est un être complexe, ondoyant, changeant, mêlant dans sa vie le bien et le mal, plein d'oppositions et de contrastes. Ces contradictions, on l'a vu, s'accusent surtout chez l'hystérique. Il peut être à la fois, suivant le moment, suivant ses attractions ou ses répulsions, bon ou méchant, bienfaisant ou pervers, désintéressé ou âpre au gain, en un mot tourné, vers le bien ou vers lemal. Ses actes, non dirigés par un principe supérieur, manquent de coordination. Mais, même dans ses résolutions les plus généreuses et les plus nobles, il est rare qu'il n'y ait pas, à un degré, si léger qu'il soit, un soupçon de duplicité ou de forfanterie.

Le nervosisme tend à laisser le champ libre aux instincts, aux tendances, aux sentiments primitifs. En l'absence du contrôle de la raison et de l'empire de la volonté, les actes sont comme à demi instinctifs, à demi voulus, à demi conscients en somme. D'où souvent les inconséquences les plus graves dans la conduite.

La manière d'être des hystériques variant suivant le moment, les circonstances, et suivant les gens qui les approchent, les jugements portés sur eux sont susceptibles de varier beaucoup ; ils pourront être contradictoires, quoique émis par des personnes également judicieuses et d'égale bonne foi.

L'hystérie ne se fabrique pas de toutes pièces dans un sujet donné ; presque toujours elle est, à quelque degré, héréditaire. Le milieu, les circonstances, l'éducation l'atténuent, la laissent évoluer ou l'exaltent.

***

Chateaubriand (1) apparaissait à ses intimes d'une mobilité d'humeur parfois déconcertante. Fontanes l'avait connu en Angleterre un peu bizarre d'humeur, sauvage d'habitude, et singulièrement aimable par accès (2). Molé et quelques autres le mon-

---

(1) Voici son portrait physique tracé par Sainte-Beuve, qui l'avait bien connu : « Chateaubriand était petit de taille, disproportionné, avec les épaules hautes, une forte tête, engoncée, qui deviendra la plus belle en vieillissant, mais évidemment faite pour un autre corps, des manières un peu guindées, même quand elles se piquent d'être faciles et légères. » Sainte-Beuve, *Chateaubriand et son groupe littéraire*, t. I, p. 156.

(2) Sainte-Beuve, *Chateaubriand et son groupe littéraire*, t. I, p. 85, 156.

2

tront, dans sa maturité, tantôt guindé, pincé, taciturné, maussade même, tantôt, mais seulement pour les intimes, « bon garçon », « avec le sourire le plus aimable », enjoué, à certains moments même comme débridé (1), s'amusant à des farces d'écolier, véritable boute-en-train ; puis, « lorsqu'il se surprenait dans ce second rôle, l'exagérant même et le poussant trop loin, jusqu'à l'affectation (2) ». L'inégalité d'humeur se mêlait alors d'insincérité.

Une versatilité capricieuse est au fond de son caractère ; sa vie privée et sa vie publique en témoignent. Il délaisse sa femme effrontément et pousse l'inconstance conjugale jusqu'au cynisme, suivant en cela, il est vrai, l'exemple d'une partie de sa caste, aux derniers temps de la monarchie. Même dans les liens irréguliers les plus tendres, il reste volage : nommé secrétaire d'ambassade à Rome, il y convoque simultanément Mme de Beaumont et Mme de Custine, deux de ses maîtresses. Mme de Beaumont s'y rendit, presque mourante. « Si je perds cette amie, écrivait-t-il, je deviendrai fou. » Il la perdit et devint fou... de Mme de Custine. « Chateaubriand regrette Mme de Beaumont autant que moi, avait dit Joubert, mais elle lui manquera moins longtemps. »

Sa vie publique est un bel exemple d'instabilité brouillonne. Sous la Restauration, son goût pour la contradiction aidant, il se pousse aux extrêmes, tantôt plus royaliste que le roi, tantôt plus libéral que le plus libéral des ministres, insupportable aux hommes de son parti par son esprit de contradiction et par son arrogance. Ses amis politiques le jugent à la fois indispensable et impossible : indispensable, à cause de sa popularité et du talent d'écrivain qu'il peut mettre au service d'une cause ; impossible, à cause de son humeur quinteuse et rebelle à toute discipline. Secrétaire d'ambassade à Rome, chargé d'affaires dans le Valais, pair de France, ministre de l'Intérieur, ministre d'État, ambassadeur à Berlin, ambassadeur à Londres, ministre des Affaires étrangères, ambassadeur à Rome, que de postes il occupe ! C'est presque toujours pour peu de temps. Il semble ne se donner que pour avoir le plaisir de se reprendre. Les circons-

---

(1) « ... avait du Chateaubriand secret, aussi lâché et débridé que l'autre l'était peu. » Sainte-Beuve, *op. cit.*, t. I, p. 157.
(2) Sainte-Beuve, *op. cit.*, t. II, p. 395.

tances y sont pour quelque chose : mais c'est l'homme des coups
de tête.

Sa sensibilité était vive, prompte à s'exalter, à s'exaspérer,
à prendre un caractère morbide, en partie à cause de la vivacité
de son imagination ; on le verra plus loin, à l'âge de trente-cinq
ans, le visage d'habitude baigné de larmes, à l'occasion d'une
contrariété qui paraît bien avoir été d'ordre sentimental. Ce
fleuve de larmes chez un homme de cet âge, pour une cause de
ce genre, fait, à lui seul, soupçonner l'hystérie.

Mais cette sensibilité même, il ne la concentre pas toujours
sur lui-même ; il la tourne aussi vers d'autres. Sa grande charité,
attestée par les contemporains, les soins dont il entoura Mme de
Beaumont expirante en témoignent.

L'orgueil de Chateaubriand a-t-il besoin d'être démontré ?
S'il est une vertu chrétienne que le grand écrivain oublia de
mettre en pratique, c'est bien l'humilité. Cet orgueil, qui s'ins-
crit jusque dans sa haute écriture, ne se montre nulle part à nu
comme dans l'*Itinéraire de Paris à Jérusalem* et dans les *Mémoires d'outre-tombe*. Son moi y prend mille formes, s'étalant
complaisamment, se dressant avec effronterie, narguant Napoléon, prenant en pitié les rois et leurs Conseils, dominant de très
haut les événements, submergeant son époque. Là où il lui serait
difficile de se carrer d'emblée, comme dans les descriptions de
paysages, il se faufile, et parfois, spectacle imprévu et piquant,
ce n'est pas Chateaubriand qui admire le paysage, c'est le
paysage qui contemple Chateaubriand (1).

Mais cet orgueil même lui inspire, dans les fonctions impor-
tantes qu'il remplit, un certain sentiment de dignité qui n'est pas
sans grandeur ; il sait ce qu'il doit à sa charge, au pays qu'il
représente, aux intérêts qu'il doit servir, et le personnage qu'il
joue dans ces circonstances n'a rien de vulgaire ni de mesquin.

L'orgueil ne va pas sans beaucoup d'égoïsme. Comme les
hystériques, Chateaubriand tend à ramener tout à lui. Comme
eux, il aime se mettre en scène, et au premier plan ; il se plaît
à occuper le monde de ses actes, de ses talents, de ses mérites,
des services qu'il a rendus au pays et à la royauté, de ses douleurs incomprises, de ses disgrâces, toutes choses qu'il amplifie

---

(1). Sainte Beuve, *op cit.*, t. I. 302. — *Mémoires d'outre-tombe, passim.*

et crie sur les toits : « Je n'étais pas, dit-il, à une nagée du ventre
de ma mère que déjà les tourments m'avaient assailli. J'ai erré
de naufrage en naufrage. » A l'en croire, ses malheurs surtout
n'ont rien de vulgaire ; il se tire à part du commun des hommes,
parle de son cœur meurtri, de son cœur déchiré, de son « inexplicable cœur » ; il en parle tant qu'on a dit plaisamment qu'il
le portait en sautoir (1).

A l'entendre, rien n'égalait son hautain dégoût de la vie, son
incurable tristesse, proche parente du spleen qu'il avait pu con-
naître à Londres. On peut l'en croire, il n'était pas gai, et si
l'on aime l'enjouement, c'est ailleurs que dans ses œuvres qu'il
faut l'aller chercher.

Il y aurait cependant quelque naïveté à prendre trop au
sérieux le pessimisme de René. Sans doute il y entre une part de
réel. Cette part, c'est d'abord le *nescio amari aliquid* de Lucrèce,
c'est la lassitude qui succède à la poursuite et à l'abus des plaisirs (2). Chateaubriand fut longtemps las, parce qu'il fut longtemps un René impénitent. « Quand je peignis René, reconnaît-
il dans ses *Mémoires* (3), j'aurais dû demander à ses plaisirs le
secret de ses ennuis. » Les plaisirs n'auraient pu livrer tout le
secret. Dans cette accablante tristesse, il entre quelque orgueil,
un peu de paresse, un peu de cette sensibilité maladive propre
aux hystériques, un peu le souci de l'impécuniosité (4), le poids
de la chaîne conjugale (5), qu'il allège cependant tant qu'il peut,
et une bonne part d'affectation. Qu'est donc en somme ce pessimisme tant scruté de René ? Surtout et tout bonnement le rendez-
vous des sept péchés capitaux, à une ou deux absences près.

---

(1) « Miss Meale, raconte-t-il dans ses *Mémoires*, trouvant au fond de
mon cœur quelque blessure, me dit : « *You carry your heart in a
sling*, » Vous portez votre cœur en écharpe. Dans la bouche d'un plai-
sant, l'écharpe est devenue le sautoir.

(2) « Au fond de toutes ces mélancolies, il y a un remords masqué, »
dit Sainte-Beuve, à propos de ces Renés prétentieux et veules, qui inon-
dèrent de leurs larmes et fatiguèrent de leurs plaintes la première moi-
tié du XIXᵉ siècle.

(3) Citation empruntée à Saint-Beuve, *op. cit.*, t. II, p. 373.

(4) Il reconnaît en un endroit des *Mémoires* (t. V, p. 443), que le
manque d'argent lui aigrit l'humeur. Nommé ambassadeur à Berlin, et
pourvu, comme tel, d'un gros traitement, il note la satisfaction qu'il
éprouve « des conforts de l'argent. » « Je revenais peu à peu, dit-il, de
mon mépris des richesses. » *Mémoires d'outre-tombe*, t. IV, p. 180.

(5) *Les mémoires d'outre-tombe*, t. V, p. 443. — Ch. de Robethon,
Chateaubriand et Madame de Custine, p. 63.

Ajoutez peut-être à ces divers ingrédients l'influence des douleurs
rhumatismales, dont Chateaubriand souffrit depuis l'année 1800,
avec d'assez longues périodes de rémission. (G. Pailhès.)
Mais cet ennui indéfinissable est aussi une attitude feinte, une
pose, une façon d'attirer et de concentrer l'attention sur soi,
où l'orgueil et l'égoïsme trouvent leur compte. Ne soyons pas
dupes. René nous donne un peu la comédie ; il rappelle ces
femmes nerveuses qui ne cessent de se dire souffrantes parce
qu'elles pensent qu'une femme en bonne santé cesse d'être inté-
ressante. Et puis, comme elles, il finit par se prendre lui-même
au piège de ses grimaces, et devient malade pour tout de bon.
C'est le châtiment. Le grand remède contre l'hypocondrie con-
siste à aimer autre chose que soi, ô pleurard égoïste ! Il est un
remède contre l'ennui, c'est le travail. Aime donc autre chose
que toi, et surtout ne va pas t'aimer toi-même dans les autres. Ne
t'abandonne pas trop à la rêverie, à je ne sais quelle sensiblerie
niaise, toute concentrée vers toi ; occupe ton esprit et tes mains.
Suis le précepte de Rousseau, ton maître. De temps à autre,
endosse la veste du menuisier, manie avec diligence ces outils
grossiers, la scie, le rabot, la varlope, et ton esprit, libéré de ses
soucis par le jeu de tes muscles, ne s'emplira plus d'amertume.
Le bonheur est dans l'activité, disait Aristote.

De l'orgueil dérive l'esprit de contradiction. Ce grand ami
des femmes, un peu femme lui-même, leur avait emprunté ce
qui passe pour leur appartenir en propre : l'humeur acariâtre.
En politique, le goût de la controverse tracassière devait jeter
Chateaubriand dans l'opposition, même sous le gouvernement
de son choix, et, comme il arrive, sa bonne foi ne fut pas toujours entière. En 1824, une atteinte portée à son amour-propre
fait de lui un adversaire implacable : mettant alors ce qu'il
possède de talent et de popularité au service de sa rancune, il
secoue si violemment ce trône relevé par lui qu'il en précipite la
chute.

En sa qualité de névrosé, il n'avait du reste aucune des qua-
lités de l'homme d'Etat : le sang-froid, la mesure, l'esprit de
suite, la constance dans les vues. « Il a remué les esprits sans
savoir les conduire (1). » Il ignorait trop l'art de se gouverner
pour être apte à gouverner les autres.

(1) M. de Fiquelmont cité par Sainte-Beuve, op. cit. t. II, p. 426.

Que Chateaubriand, comme les hystériques, ait manqué de
sincérité, toujours avec une part d'inconscience, cela paraît hors
de doute. Quelle longue fourberie que sa conduite envers cette
bonne dame de Chateaubriand ! Elle n'est, au reste, pas la seule
dupée : ses rivales, les femmes qu'il aime ou courtise, ne sont
pas mieux traitées. Lui-même s'empêtre parfois dans le lacis
malpropre de ses ruses et de ses manèges, et, certain jour, doit
recourir à Fontanes, pour le « tirer de ce bourbier (1), » dit-il.
Comme Louis XVIII, en 1824, mais pour d'autres raisons, cha-
cune de ses amies peut s'écrier : « M. de Chateaubriand me
trahit ! » Et dans ce traître, que d'astuce innée ! Il est, surtout,
on le sait, deux moyens pour s'emparer de l'esprit d'autrui : la
flatterie et les façons bourrues. La première exploite la vanité ;
les secondes, la couardise. Par la flatterie, on s'insinue ; par les
façons bourrues, on effraye et on s'impose. D'instinct sans
doute, Chateaubriand usait des deux recettes. Plusieurs de ses
lettres à Mme de Beaumont, à Mme de Custine, à Mme Récamier,
d'abord dures de ton, impérieuses et hautaines, tournent ensuite
presque au madrigal et s'achèvent tendres et câlines. Façon
adroite d'assurer son empire. Ame double, sa duplicité native
n'avait pu que se développer par l'exercice. Et à côté de cela, —
car il faut un contraste, la psychose l'exige, — des accès de
franchise. « En politique, écrit-il (2), la chaleur de mes opi-
nions n'a jamais excédé la longueur de mon discours ou de ma
brochure. » Quel aveu !

Joubert, qui fut de ses intimes, dans une lettre à Molé, datée
du 21 octobre 1803, le représente comme très dissimulé : « Tout
transparent qu'il est par nature, dit-il, il est boutonné par sys-
tème. Il ne contredit point, il fait très volontiers des mystères de
tout. Avec une âme ouverte, il garde non seulement les secrets
d'autrui (ce que tout le monde doit faire), mais les siens. Je crois
que dans sa vie, il ne les a bien dits à personne. Tout entre en
lui et rien n'en sort. Il pousse les ménagements et la pratique
de la discrétion jusqu'à laisser immoler à ses yeux la vérité, et
peut-être quelquefois la vertu, sans les défendre. Il prêterait volontiers sa plume, mais non sa langue, à la plus belle cause. En-

_____

(1) Ch. de Robethon. *op. cit.*, p. 40.
(2) *Mémoires d'outre-tombe*, t. II, p. 368.

fin, dans les épanchements et l'abandon même de la société intime, il ne contrarie ses amis qu'avec une répugnance où l'on sent la résistance à l'habitude (1). »

Fut-il plus sincère dans ses œuvres ? Il va sans dire qu'on ne peut exiger la sincérité dans une œuvre d'art, dans telles descriptions du *Génie du Christianisme*, dans un roman, comme les *Martyrs*. A la différence de la science, l'art ne se pique pas de calquer la nature avec scrupule. Suivant le mot de Bacon, il ajoute à la nature quelque chose d'humain ; il fait bon accueil à la fantaisie et sacrifie parfois au caprice. Puisqu'il s'appelle l'art, on ne peut lui en vouloir d'user d'artifices ; si gros que le mot puisse paraître, l'art vit de mensonges. Seulement, on peut demander que le mensonge soit vraisemblable et ne heurte pas trop violemment la réalité. Or, quelquefois Chateaubriand se laisse emporter trop loin par le souci de la couleur : il peuple les forêts de l'Amérique du Nord, qu'il a visitées, de perroquets et de flamants roses qu'on n'y a jamais vus. « M. de Chateaubriand, disait-on de son temps, peint les choses telles qu'il les voit, et il les voit telles qu'il les aime. » Ce qui est bien le plus grand dérèglement de l'esprit dans les choses de la vie commune, mais ce qui peut être une qualité chez l'artiste : on ne peint bien que ce qu'on aime. « Il a l'imagination trop forte, » observait finement Bernardin de Saint-Pierre, et Sainte-Beuve hasarde malicieusement que derrière un enchanteur se cache un imposteur.

Mais s'il est des libertés que l'artiste peut prendre avec la nature, il en est d'autres qu'il ne doit point se permettre avec les œuvres du voisin : il lui est interdit de les piller. Chateaubriand, du reste, n'est point un pillard sans vergogne. « *Le Génie du christianisme*, confesse-t-il à M. de Marcellus (2), est un tissu de citations avouées au grand jour. Dans les *Martyrs*, c'est un fleuve de citations déguisées et fondues. » « La mémoire est une Muse, » dit-il bravement. Cette Muse, bonne fille, puisqu'elle est au service de tous, il l'a beaucoup courtisée et elle l'a beaucoup inspiré. Assez pauvre de son propre fonds, il lui demandait des idées. Il se chargeait, lui, de les vêtir avec somp-

(1) G. Pailhès, *Chateaubriand, sa femme et ses amis*, p. 246. (Voir plus loin la suite de cette lettre.)
(2) Cité par Sainte-Beuve, *op. cit.* t. II, p. 384.

tuosité; les déguisant un tantinet, comme il le confesse. Ce
métier de costumier a été le sien, et il l'a exercé avec une maî-
trise incomparable. Mais parfois, ces idées d'autrui que lui
soufflait sa mémoire, il oubliait de les habiller, ou même, sup-
pléant aux défaillances de la Muse, il laissait courir, dans les
plates-bandes de ses descriptions, de petits extraits tout nus, au
grand jour, sans avouer le nom des propriétaires. Aussi a-t-on
pu parler, à propos de citations insérées, sans guillemets et
sans nom d'auteur, dans le *Voyage en Amérique* et dans les
Martyrs, des plagiats de M. de Chateaubriand.

Peccadilles, après tout, dans des œuvres d'art. Mais, dans les
Mémoires d'outre-tombe, c'est-à-dire dans le récit de sa propre
vie, dans l'exposé des événements auxquels il avait été mêlé,
la véracité la plus scrupuleuse s'imposait ; ici, ce n'était plus une
œuvre d'art, c'était un témoignage. Hélas ! le pli était pris :
devant les événements et devant lui-même, le mémorialiste con-
tinue à prendre l'attitude artiste ; il arrange, drape, prépare ses
effets, combine ses perspectives, et, suivant son procédé habituel,
campe au bout de ses développements une image, image qui
souvent est la sienne. Par avance, il s'était confessé, attribuant
le goût des Français, donc le sien, pour les Mémoires au plaisir
de se mettre en scène (1). De son peu de véracité, dans les *Mémoires d'outre-tombe*, les exemples abondent, on le sait. Je n'en
retiendrai qu'un, parce qu'il n'a pas, que je sache, été mis en
lumière.

Le 21 mars 1804, le duc d'Enghien était fusillé dans les fossés
de Vincennes. Le 23 mars, Chateaubriand envoyait à Talleyrand
sa démission de ministre de France près la République du Valais.
Il avait accepté ce poste au mois de février précédent « en con-
sidération de la Religion », au lendemain de la conspiration de
Cadoudal, et « le train vulgaire des conspirations » n'étant point
son fait, il était « aise de s'enfuir aux montagnes (2) ». Cette
démission, par son apparente spontanéité, par sa noble audace,
lui valut et lui vaut encore beaucoup de louanges. Dans les
Mémoires d'outre-tombe, Chateaubriand se complaît visible-
ment à en noter toutes les circonstances : il dit son indignation,

(1) Sainte-Beuve, *op cit,*, t. I, p. 162.
(2) *Mémoires d'outre-tombe*, édit. Biré, t. II, p. 397.

le danger auquel l'exposait cette résolution courageuse jusqu'à
la témérité : « le lion avait goûté le sang, ce n'était pas le moment
de l'irriter. » Il peint l'effroi de ses amis, l'affolement de Fontanes, les félicitations et les embrassades de Pasquier, le vide
que firent ensuite autour de lui les royalistes pressés de servir
un nouveau maître, enfin la rancune tenace de Bonaparte. Même
son récit pris au pied de la lettre, il se hausse et se drape un peu
plus que de raison, célébrant dans un dithyrambe confus « l'élé-
vation de son âme », se plaçant parmi « les grands esprits à
l'orgueil affectueux et aux yeux sublimes (sublimes oculos) » et
« pardonnant avec un dédain miséricordieux » à ceux qui n'ont
pas compris la loyauté de son geste. On serait touché de tant de
hauteur d'âme, de désintéressement et de courage, si l'on ne
pouvait soupçonner l'auteur d'arranger la scène, de dramatiser
les faits.

Et d'abord, la lettre par laquelle il donne sa démission, et
qu'il ne reproduit pas, n'a rien de cinglant dans la forme, et, si
elle contient une allusion à l'exécution du duc d'Enghien, cette
allusion est très voilée. Voici cette lettre :

« Citoyen ministre,

« Les médecins viennent de me déclarer que Mme de Chateaubriand est dans un état de santé qui fait craindre pour sa vie.
Ne pouvant absolument quitter ma femme dans une pareille cir-
constance, ni l'exposer au danger d'un voyage, je supplie Votre
Excellence de trouver bon que je lui remette les lettres de
créance et les instructions qu'elle m'avait adressées pour le
Valais. Je me confie encore à son extrême bienveillance pour
faire agréer au Premier Consul les motifs douloureux qui m'em-
pêchent de me charger aujourd'hui de la mission dont il avait
bien voulu m'honorer. Comme j'ignore si ma position exige
quelques autres démarches, j'ose espérer de votre indulgence
ordinaire, citoyen ministre, des ordres et des conseils ; je les
recevrai avec la reconnaissance que je ne cesserai d'avoir pour
vos bontés passées.

« J'ai l'honneur de vous saluer respectueusement.

« CHATEAUBRIAND,
« Paris, rue de Beaune, hôtel de France.
« 1er germinal an XII. »

Cette démission même ne semble pas. avoir ému bien vivement Bonaparte. « C'est bon, » dit-il simplement, en l'apprenant.
Talleyrand, en accusant à Chateaubriand réception de sa lettre
de démission, lui écrit : « Le citoyen Consul s'était plu à vous
donner un témoignage de confiance. Il a vu avec peine, par une
suite de cette même bienveillance, les raisons qui vous ont em-
pêché de remplir cette mission. » A moins d'une équivoque, qui
reste incertaine, ces mots — les raisons — ne semblent viser
que le mauvais état de la santé de Mme de Chateaubriand. Donc
l'éclat produit par cette démission dans le gouvernement d'alors
ne semble pas avoir été si grand. La rancune de Bonaparte ne
fut pas non plus si tenace : en 1811, même après l'article célèbre
du *Mercure*, nouvelle insulte au tyran, Napoléon, brave homme
pour une fois, invitait l'Académie française à élire l'auteur du
Génie du christianisme. A la main qui le caressait, Chateaubriand
répondit par les coups de croc du *Discours* de réception, discours qu'il lui fut interdit de prononcer. Tout cela fit quelque
bruit, mais, on le sait de reste, le bruit n'était pas pour lui
déplaire. Ce qui fut tenace, ce fut la rancune de Chateaubriand
contre Bonaparte ; elle se tourna en haine. Qu'il s'agît d'un
homme ou d'un accident de terrain, de Napoléon ou d'une mon-
tagne, l'orgueil de Chateaubriand souffrait difficilement ce qui
s'élève (1).

Mais cette démission elle-même fut-elle si spontanée ? Le
sacrifice fut-il si pénible ? Il ne le semble pas. Chateaubriand ne
cacherait-il pas quelque chose ? « J'étais aise, dit-il dans ses
mémoires, vers 1834, de m'enfuir aux montagnes. » Or, en mars
1804, il écrivait à un de ses intimes, à Chênedollé, au sujet de
Sion, la capitale du Valais : « Je vais dans un trou horrible (2). »
Et quelques jours après : « J'ai accepté malgré la tristesse de
la résidence... J'espère n'y faire qu'un court séjour et solliciter
quelque place obscure dans une bibliothèque qui me fixe à
Paris (3). » « La chose n'est pas brillante (4) », écrit-il encore.
Non seulement il n'a pas de secrétaire de légation, mais on lui
refuse même un secrétaire particulier. « Dupuy, que j'ai appelé

(1) Chateaubriand, épris des déserts et des vastes plaines, disait ne
point aimer les montagnes.
(2) Sainte-Beuve, *op. cit.*, t. II, p. 223.
(3) Sainte-Beuve, *op. cit.*, t. II, p. 220.
(4) Sainte-Beuve, *op. cit.*, t. II, p. 222.

comme secrétaire, a été épouvanté et refuse d'y venir. Je tâchera de prendre quelque enfant de seize ans qui me coûte peu. »

Au vrai, en mars 1804, la fuite aux montagnes du Valais ne le comblait pas d'aise, et son zèle pour la religion ne tenait pas devant la perspective du trou horrible et devant la faiblesse des émoluments. Tout pesé, le jeu valait-il la chandelle ?

Au reste, il est, à ce moment, en proie à la plus invincible tristesse, une de ces tristesses folles qui portent à envoyer tout promener. Il en veut à « cette triste vie, qui ne mène à rien et qui n'est bonne à rien (1) », « Quelle triste chose que cette vie (2) ! » écrit-il encore à Chênedollé, toujours à cette même époque. Qu'avait donc la vie de si triste pour lui à ce moment ?

A ce moment, Mᵐᵉ de Chateaubriand, séparée de lui depuis près de douze ans, depuis son mariage même, venait de le rejoindre, et tous deux habitaient Paris, rue de Beaune, à l'hôtel de France. Sur de sages conseils auxquels il avait d'abord résisté, l'époux volage avait consenti à reprendre la vie commune ; il était convenu que Mᵐᵉ de Chateaubriand l'accompagnerait dans la capitale du Valais. Ne serait-ce point cette sorte de voyage de noces différé et la pensée du tête-à-tête à Sion avec Mᵐᵉ de Chateaubriand qui auraient à ce point attristé son humeur ? Les façons détachées dont, à ce moment même, il en usait avec l'épouse, pourraient le donner à penser.

Et non seulement il est triste, mais il pleure. « Je vous embrasse en pleurant ; c'est maintenant mon habitude, » écrit-il à Chênedollé, à la fin d'une des lettres où il exhale sa tristesse. Eh quoi ! tant de larmes sur les joues d'un homme de trente-cinq ans ! Quelle sensibilité exaltée, presque maladive ! René ne serait-il point, à ce moment, possédé de quelque passion qui l'affole ? N'est-ce point Paris qu'il regrette plutôt que Sion qu'il redoute ? Peut-être. A Paris en effet, ou non loin de Paris, est une liaison nouvelle, ou plutôt une liaison retrouvée, à son retour de Rome où il avait été secrétaire d'ambassade, Mᵐᵉ de Custine. Avant d'être envoyée, la lettre de démission lui avait été soumise (3) ; elle ne pouvait lui désagréer. Elle dut sourire des raisons alléguées, de l'attachement du mari pour sa femme ;

(1) Sainte-Beuve, *op cit*, t. II, p. 221.
(2) Sainte-Beuve, *op. cit.*, t. II, p. 222.
(3) Ch. de Robethon, *op cit*, p. 58.

de la sollicitude dont il entourait sa santé, du danger du voyage auquel il ne pouvait se résoudre à l'exposer. Une lettre, du tour le plus gracieux et le plus tendre, adressée le 30 mai 1804 à Mme de Custine, alors au château de Fervacques (Calvados), lettre publiée par M. de Robethon (1), montre en effet les sentiments contraires, faits d'attraction et de répulsion, qui vers cette époque, déchiraient le cœur de René, et ses termes, rapprochés de ceux de la lettre de démission, témoignent que le démissionnaire était passé maître en l'art de feindre. « Je m'ennuie fort à Paris, écrit-il, et j'aspire au moment où je pourrai jouir de quelques heures de liberté, puisqu'il faut renoncer au fond de la chose. Bon Dieu ! Comme j'étais peu fait pour cela ! Quel pauvre oiseau prisonnier je suis ! Mais enfin le mois de juillet viendra, je ferai effort pour courir un peu tout autour de Paris, et puis j'irai un peu plus loin. Ce sera comme dans un conte de fée. Il voyagea bien loin, bien loin... et arriva à Fervacques... Là logeait une fée qui n'avait pas le sens commun... J'achèverai l'histoire dans le département du Calvados.

« Mille joies, mille souvenirs, mille espérances... »

M. de Robethon, si favorable cependant à Chateaubriand, ajoute : « Chateaubriand fait évidemment allusion à son mariage, à sa réunion encore toute récente avec Mme de Chateaubriand et à la répugnance que « la vie de ménage » lui inspirait. Il a même dit quelque part que c'est pour échapper à ce sort, et rester indépendant qu'il avait accepté un poste diplomatique, et qu'il était parti pour Rome. » Faut-il dire : *Habemus confitentem reum ?* Est-il téméraire d'ajouter : Chateaubriand n'aurait point versé tant de larmes, Sion ne lui aurait sans doute pas paru un trou si horrible, s'il avait pu s'abriter dans ce trou, loin de Mme de Chateaubriand, en tête à tête avec Mme de Custine ?

L'exécution du duc d'Enghien ne vint-elle pas à point ? Ne lui fournit-elle pas, pour rester à portée de Mme de Custine, un prétexte, prétexte qu'il masqua d'un beau geste ?

Je pose la question sans oser y répondre positivement. Il n'est pas nécessaire que Chateaubriand ait eu tant de duplicité pour qu'on soit autorisé à douter, sur quelques points de cette histoire, de la véracité des *Mémoires d'outre-tombe.* « J'écris

(1) Ch. de Robethon, *op. cit.*, p. 63.

principalement, dit-il dans une Introduction à ses Mémoires (1).
pour rendre compte de moi-même à moi-même. » On souhaite-
rait plus de fidélité dans le compte rendu.

La sincérité fut-elle toujours au fond de son désintéressement
généralement si vanté ? Avec l'hystérique il faut, on le sait, se
garder de jugements absolus, sa nature étant pleine d'antino-
mies. Que Chateaubriand ait été bon, que sa charité ait été iné-
puisable, comme l'assure Villemain, on doit le penser. Que, dans
quelques circonstances, il ait fait preuve du plus grand désintéressement, de la plus grande largesse, élevant, par exemple, un
monument à la mémoire du Poussin, monument qui lui coûta
fort cher ; qu'à l'occasion même, il se soit comporté comme un
grand et noble cœur, nous le croyons volontiers (2). Mais s'il
avait ainsi la main largement ouverte, par contre, besogneux et
souvent en quête d'emprunts à négocier, souvent aussi il avait
la main tendue, et on peut craindre qu'il n'ait été parfois généreux avec le bien d'autrui.

L'homme, même bien équilibré, est habile à se duper lui-
même sur les mobiles vrais de ses actes. Souvent, le mobile dont
il se pare n'est pas celui qui a le plus pesé dans la balance ;
c'est un sentiment noble et désintéressé qu'il met au premier
plan, passant sous silence quelque mobile dérivé de l'intérêt ou
de la vanité, qui, en réalité, a été le plus puissant. Comment
l'hystérique, cet être pétri de vanité, d'égoïsme et de duplicité,
échapperait-il à cette tendance si commune ? En fait, il y cède

---

(1) V. Giraud, *Chateaubriand*, p. 30.
(2). Ce serait là lui faire la part trop belle, s'il fallait en croire la
lettre de Joubert à Molé. (G. Pailhès, *Chateaubriand, sa femme et ses
amis*, p. 247). On peut craindre que cette lettre n'ait été écrite dans un
moment d'humeur ; mais elle paraît contenir une part de vérité. « Ajoutez à cela, dit Joubert en parlant de Chateaubriand, quelques manies
de grand seigneur; l'amour de ce qui est cher, le dédain de l'épargne,
l'inattention à ses dépenses, l'indifférence aux maux qu'elle peut cau-
ser, même aux malheureux ; l'impuissance de résister à ses fantaisies,
fortifiée par l'insouciance des suites qu'elles peuvent avoir ; en un mot,
l'inconduite des jeunes gens très généreux, dans un âge où elle n'est
plus pardonnable, et avec un caractère qui ne l'excuse pas assez ; car,
né prodigue, il n'est point du tout né généreux. Cette vertu suppose un
esprit de réflexion pratique, d'attention à autrui, d'occupation du sort
des autres et de détachement de soi, qu'il n'a pas reçu, ce me semble,
infus avec la vie, et qu'il a encore moins songé à se donner. » Le doux
Geruzez considérait cette lettre sévère comme un chef-d'œuvre de saga-
cité psychologique. Dans sa forme étudiée, elle est bien de ce morali-
liste subtil de qui Fontanes disait : « Joubert, en métaphysique, bat des
entrechats sur la pointe d'une aiguille. »

lus que tout autre, et Chateaubriand pourrait n'avoir pas fait exception à la règle.

La dominante de son caractère paraît bien avoir été l'orgueil, l'orgueil sous toutes ses formes, depuis l'orgueil-vertu, ou vif sentiment de l'honneur, jusqu'à l'orgueil-vice, sot désir de paraître. C'est à ce sentiment d'orgueil qu'il semble avoir obéi le plus volontiers, les deux modalités, vice et vertu, se combinant en proportions variables suivant les cas. Au second plan, dans certain de ses actes politiques, par exemple, pouvaient figurer le plaisir de contrarier quelqu'un, la recherche de la popularité, d'autres mobiles encore, mais les considérations d'argent paraissent avoir été, chez lui, toujours reléguées à l'arrière-plan. Et c'est ainsi, semble-t-il, qu'il faut comprendre son désintéressement. Pur de tout alliage étranger, le désintéressement est, au reste, chose rarissime. La philanthropie elle-même ne va-t-elle pas parfois sans quelque rouerie ?

Dans les divers postes qu'il occupa, à l'ambassade de Londres notamment, il tint à représenter dignement son pays et déploya un certain faste ; mais quelquefois il se vante un peu. Telle fête, dont il évalue la dépense à quarante mille francs, n'en coûta que douze mille, au témoignage de M. de Marcellus (1).

Le *Génie du christianisme* fut pour lui, dès son apparition, une source de profits notables. On le voit, après son succès, discuter ses intérêts, non sans fermeté, avec les Ballanche, libraires à Lyon. « Je demande trente mille francs, écrit-il, pour une opération à faire sur mon ouvrage, et je ne désespère pas de les obtenir (2). » A cette même époque, il fait préparer une édition abrégée de l'ouvrage, à l'usage de la jeunesse, et n'en veut tirer aucun profit (3). Ici comme ailleurs, il était l'homme des contrastes.

Dans quelques circonstances même, il se révéla homme d'affaires avisé. L'idée de mettre en loterie, pour quatre-vingt-dix mille francs, la Vallée aux Loups n'était point d'un naïf, puisque, après le très piteux échec de la tentative, cette propriété fut adjugée pour cinquante mille cent francs à un ami riche et

(1) *Mémoires d'outre-tombe*, édit. Biré, t. II, p. 123.
(2) *Lettre à Guencau de Mussy*, 1803. Sainte-Beuve, *op. cit.*, t. I, p. 393.
(3) *Lettre de Clausel de Coussergues*, V. Giraud, *Chateaubriand*, p. 201.

compatissant. La formation d'une société pour l'achat d
Mémoires d'outre-tombe, moyennant le paiement de ses dette
qui s'élevaient à deux cent cinquante mille francs, et le servi
d'une rente annuelle de douze mille francs, réversible sur la tê
de sa femme, ne fut pas une combinaison si sotte ; elle devint, o
le sait, fort onéreuse pour les sociétaires.

A maintes reprises, dans les *Mémoires d'outre-tombe*, Ch
teaubriand fait étalage de son mépris des richesses. Rien o
noble assurément comme le mépris de la richesse, à la conditio
toutefois qu'on sache s'en passer. « Avec un pain d'orge et u
peu d'eau, disait Epicure, le sage dispute de félicité av
Jupiter. » Mais, quoique très sobre, Chateaubriand ne s'acco
modait pas d'un train de vie si modeste (1). Il aimait le luxe,
luxe, chose relative, étant un ensemble de dépenses supérieur
celui que comportent les ressources. Il aimait ce genre de lux
qui peut être des plus modiques, sans avoir les moyens de se
procurer, ce qui est contradictoire, et ce qui peut incliner ve
des expédients fâcheux (2). N'ayant pas un sou dans sa poche,
puisait dans celles des autres, lorsqu'ils se laissaient faire, et o
s'inspirant, avec une variante, des vers de Voltaire.

> *Au peu d'argent que le vicomte avait,*
> *L'argent d'autrui par complément servait,*
> *Il empruntait, empruntait, empruntait.*

Chateaubriand fut un emprunteur forcené. Il tenta même,

(1). Se souvenant du mot d'Epicure, Chateaubriand a bien dit quelqu
part : « Un morceau de pain et une cruche de l'*aqua felice* me su
fisaient. » (G. Pailhès, *op. cit.*, p. 201.) Mais la table n'est qu'une part
du train de vie ; ce morceau de pain même, il coûte quelque chose,
Chateaubriand oublie qu'il n'avait pas toujours de quoi se l'offrir.

(2). L'imprévoyance de Chateaubriand, ou, pour employer le mot d
Joubert, l'inattention à ses dépenses, était extrême. En juin 1804, il écr
à Mᵐᵉ de Custine que son ménage lui coûte douze mille francs par an,
qu'il n'a pas un sou. Or, au mois d'avril précédent, il s'était installé, e
compagnie de Mᵐᵉ de Chateaubriand, avec un certain luxe, dans un pet
hôtel situé rue de Miromesnil. Le 16 juillet suivant, nouvelle lettre dés
lée à Mᵐᵉ de Custine : « Les embarras de ma position augmentent tou
les jours, » écrit-il. Entre temps, Mᵐᵉ de Custine s'était, sans vergogn
installée rue Verte, juste en face du petit hôtel habité par M. et Mᵐᵉ d
Chateaubriand. Les ressources ne lui manquaient pas, à elle. Elle entr
tenait un commerce fort amical avec Fouché, et, grâce à l'appui d
celui-ci, l'Etat lui avait restitué la partie de ses biens qui n'avait pa
été vendue. Que penser de cet amant confiant à une maîtresse rich
ment nantie sa détresse pécuniaire? On craint que ces confidences n'er
veloppent quelque supplique furtive, subconsciente. L'amour impliqu

onte ! d'emprunter à une de ses amies, afin de subvenir au
rain de maison que nécessitait pour lui la compagnie d'une
autre (1).

Triste posture que celle de l'emprunteur au moment où il
ollicite, triste et humiliante ! Et dans l'avenir, quelle dépen-
dance et quel servage (2) ! Chateaubriand avait été en Amérique.
Que n'y avait-il lu et médité les honnêtes et prosaïques sentences
de l'*Almanach du bonhomme Richard* (3) ? Eh quoi ! tant de
morgue et de bassesse à la fois ! Tant de hauteur et parfois si
peu de scrupules ! Quelles contradictions ! Fi de l'argent ! crie-
-on sur les toits ; mais point fi de l'argent des autres ! reprend-
on tout bas. O duplicité ! Comme explication, et un peu comme
xcuse. la psychose. Peut-être a-t-elle trop bon dos ?

Ces alternatives de prodigalité et de gêne, la première ame-
ant la seconde, ce mélange de largesses fastueuses et d'expédients obliques, ce contraste entre de grands mots et de petits
moyens, décèlent un esprit mal pondéré (4). Peut-être aussi,
comme chez tout hystérique aisément accessible à la suggestion,
elle-ci fit-elle chez lui son œuvre. Elle se présentait à lui sous la
orme d'une devise. « Je sème l'or », portait le blason des Chateau-
riand. Devise redoutable pour l'équilibre de tout budget, et
qu'il tourna, lui, en précepte. Qui sait ? De là vient peut-être
n peu du mépris superbe qu'il affecte pour la richesse. Pouvait-
l mentir à la devise de sa maison ? Donc, il sema l'or, et, à
emer ainsi l'or, il se mit sur la paille.

---

ue diable ! l'entr'aide spontanée et rapide. Mais la dame, très positive,
n dépit d'un grain de folie, dénouait plus volontiers sa ceinture que les
ordons de sa bourse. (Ch. de Robethon, *op. cit.*, p. 73, 76, 84.)

(1). Ch. de Robethon, *op. cit.*, p. 91. La première amie était Mme de
ustine, la seconde, Mme de Beaumont. Mme de Custine refusa.

(2) Cet argent même, qu'il dit tant mépriser, il est telle page des
émoires (t. V, p. 443), où il lui reconnaît quelque mérite, et il l'apos-
ophe, non pour le maudire, mais pour le glorifier presque. N'y a-t-il
s beaucoup d'affectation, de pose dans ce mépris ? Le pauvre homme !
il méprisait l'argent, l'argent le lui rendait bien.

(3) Il était poète, dira-t-on. Mais l'imagination poétique peut vivre
ous le même toit que le sens des réalités les plus positives : à preuve
plus grand poète lyrique qui ait peut-être existé.

(4) Sa prodigalité s'accrut surtout après 1814. Il avait, par sa bro-
ure de *Buonaparte et des Bourbons*, aidé si puissamment au retour
ceux-ci qu'il les considérait comme ses obligés et, partant sans doute,
mmes tenus de pourvoir à ses dépenses. « Il serait juste qu'ils me
urrissent, » dit-il en parlant d'eux sur un ton de reproche, après
30. Mais les Bourbons ne pensionnaient pas leurs hommes aussi roya-
ment que le faisait Napoléon.

Sa sincérité religieuse peut être mise à part : elle paraît hors
de doute, à la condition qu'on l'explique (1).

Plus porté vers une religiosité de bon ton que vers la religion
vraie. Chateaubriand fut le meilleur élève de l'auteur du *Génie du
christianisme*, le plus fervent admirateur des beautés du catholicisme confondues avec les beautés de l'ouvrage. Ces beautés du
catholicisme, il les avait exposées avec tant de magnificence,
il devait à leur description une renommée si éclatante qu'il ne
pouvait s'en déprendre. Guidé en tout par le sentiment et par
l'imagination plus que par la raison, comme tout hystérique,
un peu femme en cela, il fut plus touché par l'enveloppe exté-
rieure du catholicisme, par la pompe des cérémonies, par la
poésie des légendes que par la réalité des dogmes et la sagesse
des préceptes. Et, comme ce n'est pas la froide raison qui mène
le monde, lui, l'imaginatif, fit plus pour le renouveau du catholicisme que de Bonald, l'âpre logicien de la *Législation pri-
mitive*. Le succès du *Génie du christianisme* fut grand, surtout
parmi les femmes. Mme Hamelin, une merveilleuse, en raffolait ;
elle y cherchait assurément de douces émotions plus que des
raisons de croire. Pour lui, il avait traversé l'incrédulité, et sa
foi rajeunie n'avait pas poussé des racines profondes. Aussi eut-
il des moments de doute ; mais en lui, l'artiste était toujours
prêt à soutenir l'homme de foi, quand celui-ci risquait de dé-
faillir. Il voulait croire, il trouvait toujours des motifs de croire,
et il croyait (2).

Il serait injuste d'arguer des défaillances de sa conduite
contre la sincérité de sa croyance. Elles prouvent que ce Père
de l'Eglise, comme il se nomme plaisamment lui-même dans une
lettre à Mme de Custine, pratiquait la religion comme il la com-
prenait, plus soucieux d'admirer son côté théâtral et de suivre
ses rites que d'y trouver d'utiles directions. Elles prouvent surtout le peu d'empire qu'il avait sur lui-même. En cela, hystérique encore. Elles donnent aussi à penser que, même dans l'âge
mûr, il n'avait pas compris la haute et utile portée des préceptes
moraux du catholicisme et la psychologie profonde qui les im-
prègne, qu'il pratiquait peu ou d'une façon distraite l'examen de

(1) Abbé Bertrin, *La sincérité religieuse de Chateaubriand*.
(2) Sainte-Beuve, *op. cit.*, t. II, p. 393.

conscience, enfin qu'il est un humble petit livre qu'il ne consultait pas assez souvent pour y chercher une règle de conduite, le catéchisme.

Chateaubriand ne pouvait être ce qu'on appelle un caractère. Bien des choses, on l'a vu, lui manquaient pour cela ; il lui manquait surtout quelques principes fixes et la volonté de s'y conformer. La discipline intérieure lui faisait défaut ; il ne s'appliqua pas à l'acquérir : en cela il fut coupable. Il resta surtout le jouet et la victime de la passion ou de l'impulsion du moment. Il s'agita ; ses passions le menèrent. Nature faite de contradictions, dit-on. Certes. N'est-ce pas le propre de la passion d'être essentiellement changeante ? Ainsi s'expliquent ses inconséquences, dont quelques-unes furent particulièrement lourdes. Mme de Chateaubriand, femme d'esprit, aurait été pour le *Génie du christianisme* une collaboratrice plus chaste et mieux appropriée au sujet que Mme de Beaumont. Il aurait pu ne pas élever dans une église un monument fastueux à la mémoire de celle-ci, rappelant par une inscription que c'était lui qui l'avait élevé, glorifiant ainsi l'adultère. Il n'avait guère d'ingénuité que dans le scandale.

Au témoignage de quelqu'un qui l'a bien connu (1), il était, dans le train ordinaire de la vie, volontiers nonchalant et rêveur ; mais, au besoin, capable de coups de collier vigoureux, travaillant douze et quinze heures de suite à l'œuvre commencée.

Hystérique, Chateaubriand fut, comme écrivain, ce qu'il pouvait être, penseur médiocre, mais styliste brillant ; et le caractère de l'homme, fait surtout de sensibilité et d'imagination, — une imagination constructive et plastique (2), — se réfléchit assez exactement dans la prose de l'écrivain.

Cette prose a le nombre, le rythme et la couleur. La phrase se déroule, ample, harmonieuse, colorée, volontiers majestueuse ; mais quelquefois, sous cette pompe, la tête lui tourne, et elle tombe dans l'amphigouri et le galimatias ; plus simple, elle aurait sans doute eu plus d'égalité dans la tenue. Elle est colorée, mais son coloris tient parfois du bariolage. Elle brille,

---

(1) Sainte-Beuve, *op. cit.*, t. I, p. 158.
(2) Th. Ribot, *L'Imagination créatrice.*

mais parfois son éclat a celui du clinquant. Un art prodigieux s'y révèle : souvent que de nouveauté et d'ingéniosité dans la forme, quel relief et quelle grâce dans les images ! Mais trop souvent, sous cet art, que d'artifices ! Des antithèses superflues, des oppositions amenées de trop loin, des surcharges et d'inutiles enjolivements. Cet art est trop habile ; on se défie de tant de charmes, de tant d'appas ; on craint d'être pipé. On voudrait plus de naturel, plus de sobriété ; on voudrait aussi plus de simplicité et plus de sincérité, et, — disons le mot, — plus de gaieté. Ceux des lecteurs qui goûtent la langue limpide, alerte, enjouée, du xviiie siècle, sont, à la fin, excédés de tant d'emphase et d'un ton si uniformément solennel, d'autant plus vivement que sous la splendeur de la forme ils constatent souvent l'indigence du fond.

Enfin, comme nombre d'hystériques, Chateaubriand avait la vivacité singulière du regard, l'allure décidée, le goût de la toilette, de l'élégance dans la mise, et celui des fleurs ; une fleurette, renouvelée chaque matin, était toujours fixée à sa boutonnière (1).

**

*
*

᛫*᛫

Chateaubriand est encore, à l'heure actuelle, un objet de controverse. A la vérité, l'opinion est à peu près unanime à admirer la prose enchanteresse de l'écrivain et à blâmer l'humeur brouillonne du politique. Mais elle reste très divisée sur l'homme privé et on bataille ferme autour de son caractère ; les jugements sur son compte sont des plus disparates. C'est, on l'a vu plus haut, le sort habituel des hystériques ; ils le doivent à l'inconstance de leur humeur, à leur nature toute en contrastes. Ils ne se présentent point toujours et partout sous le même jour et dans la même pose. En ce qui touche Chateaubriand, chacun, de bonne foi, le juge suivant ses lectures et suivant les propres tendances de son esprit ; cette étude, en montrant le peu d'unité du caractère de l'hystérique, donne, pour partie, raison à tous.

Suivant la part de responsabilité qu'on attribuera à l'homme, on usera envers lui de plus ou moins d'indulgence. En s'en

(1) G. Pailhès, *op. cit.*, p. 256.

tenant à la morale vulgaire, sa vie privée fut, tout pesé, lamentable ; ce fut une vie de désordre, désordre moral, désordre financier. C'est la vie de bohème avant Mürger, la grande bohème, si l'on veut, avec un grand nom, celui de M. le vicomte de Chateaubriand, et un peu plus de tenue, mais c'est la vie de bohème. Grand artiste, grand enchanteur assurément, mais de valeur morale assez mince, et c'est à la valeur morale que se mesure avant tout le mérite de l'homme privé. Comme le poids de la vie se serait allégé pour lui. s'il l'avait vécue simplement, sincèrement ! Et l'on ne voit pas ce que le génie de l'écrivain aurait pu y perdre.

. Et cependant, en face de cet homme, il faut user de pitié, en raison de ses tares héréditaires. Son père, dit-il, était triste, d'une tristesse profonde, taciturne et plein d'orgueil : traits qu'on retrouve chez le fils. Sa mère joignait « à beaucoup d'esprit et à une imagination prodigieuse (1) » une humeur inégale, grondeuse ; elle était « le fléau des domestiques », signes qui décèlent l'hystérie. Des deux côtés, mais du côté maternel surtout (hérédité croisée). François de Chateaubriand avait de qui tenir (2). Une de ses sœurs, Lucile, d'humeur fantasque, traversa la mélancolie pour sombrer dans la folie.

Le milieu dans lequel Chateaubriand passa son enfance, la dure éducation qu'il subit, les bouleversements de la Révolution, le trouble et la gêne qu'ils apportèrent dans sa vie, en d'autres termes, outre la race, le milieu, le moment, suivant la formule de Taine, purent aider au développement de la psychose.

Non seulement Chateaubriand est digne de pitié, mais il mérite quelque indulgence, le bénéfice d'une responsabilité limitée, en raison d'un caractère essentiel de l'hystérie : la demi-inconscience qui embrume les mobiles des actes et toute la conduite (3). L'hystérique ne voit jamais bien clair en lui-même ;

(1) *Mémoires d'outre-tombe*, édit. Biré. t. I. p. 20.
(2) Chateaubriand était le dernier de dix enfants. Les derniers enfants sont, dit-on, les mieux venus ; les premiers ne sont que des ébauches.
(3) Tel était assurément l'avis de Joubert qui, dans nombre de ses lettres à Fontanes, à Chênedollé, s'apitoie sur l'ami commun, et le désigne par ces mots : « le pauvre garçon ». Il fallait, après le jugement si sévère que l'on sait, qu'il considérât « le pauvre garçon » comme à demi conscient, c'est-à-dire, comme à demi responsable, pour écrire à Fontanes : « Coupable ou non, nous l'aimerons toujours : coupable, nous

René avait des raisons personnelles de trouver son cœur inexplicable.

Est-ce diminuer Chateaubriand que d'accoler à son nom l'étiquette d'hystérique ? Nullement. C'est désigner simplement par un mot plus précis un caractère dont le manque d'équilibre est notoire. Ce n'est pas non plus le placer, à coup sûr, en mauvaise compagnie. Certes, c'est un monde un peu mêlé que celui des hystériques ; cependant il ne s'y trouve pas que des gredins. Que de grands écrivains, que de grands artistes furent touchés par la psychose, aux modalités si multiples ! Que de grands saints, dont la vie ne témoigne pas du bon sens le plus rassis, furent effleurés par elle, et lui empruntèrent, au passage, ce qu'elle a parfois d'exquis !

Une tête du XVIIIe siècle était, avant tout, pleine d'abstractions et d'idées (1). Chateaubriand, chose singulière alors par sa nouveauté, fut surtout une tête du moyen âge, pleine de sensations et d'images (2). Le XVIIIe siècle avait pensé ; lui, sentait. Cela étonna et charma ; il avait ouvert la voie où le romantisme devait faire éclater ses fanfares et tirer ses feux d'artifice. Heureuse psychose !

le défendrons ; non coupable, nous le consolerons. ». Cet analyste pénétrant estimait avec raison qu'il fallait d'abord être sévère pour l'ami, quitte, en fin de compte, à tempérer la sévérité par beaucoup d'indulgence.

(1) Th. Ribot, *L'Hérédité psychologique*, p. 306.

(2) Surtout, mais pas uniquement. Chateaubriand eut, en outre, le sentiment profond des beautés de la nature, puisé en partie dans Jean-Jacques et dans Bernardin de Saint-Pierre ; il eut aussi la mélancolie, la mélancolie peu connue de l'homme du moyen âge, avant tout homme d'action.

CHARAIRE
Imprimeur
à Sceaux et Paris